LA
CROISADE
EN SYRIE

PARIS

IMPRIMERIE DE L. TINTERLIN ET Cᵉ

Rue Neuve-des-Bons-Enfants, 3.

LA CROISADE EN SYRIE

PAR

W. DE FONVIELLE

PARIS

E. DENTU, LIBRAIRE-ÉDITEUR

GALERIE D'ORLÉANS, 13, PALAIS-ROYAL

—

1860

LA CROISADE

EN SYRIE

I.

La France, l'Europe entière attendent avec une indignation, hélas! trop légitime, le récit des massacres qui ont désolé le Liban, et, à ce qu'il paraît, la Syrie tout entière. Chacun frémit d'épouvante en songeant aux excès qui ont déshonoré l'humanité dans des régions que la nature semble avoir destinées à contempler périodiquement des scènes de désolation.

Comment tous les hommes de progrès n'éprouvent-ils pas le même sentiment, en face de la sanglante orgie d'un fanatisme qui ne doit plus être tolérée aujourd'hui même chez des peuples barbares?

Comment se fait-il que ces sectaires trouvent, en quelque sorte, des émules dans un pays qui se pique de marcher à la tête de la civilisation ; parmi les rédacteurs d'un organe qui a la prétention de représenter l'opinion démocratique?

L'odeur du sang versé en Syrie réveille l'ardeur propagandiste des feuilles rétrogrades. Jaloux de marcher à leur tête, de prétendus libéraux veulent saisir cette occasion pour convertir les infidèles, avec la même ardeur que des Pierre l'Hermite ou des saint Bernard poussant les masses à la conquête du saint sépulcre.

Les Druses, qui paraissent être, au moins jusqu'à présent, les principaux coupables, sont des païens qui n'ont jamais accepté la religion du Prophète. Le sang des chrétiens a été versé par des peuplades idolâtres, que le Koran lui-même a trouvées réfractaires à sa civilisation.

Peu importe, il faut profiter de ces désordres pour écraser l'ennemi du christianisme, pour purger la terre de l'islamisme !

Ceux qui parlent ainsi ont-ils bien le droit de reprocher aux musulmans leur intolérance? Ont-ils même l'excuse de la foi profonde qni poussait jadis les inquisiteurs à fouler aux pieds les droits de l'humanité?

Par suite de quelle aberration faut-il que l'indignation excitée chez des esprits éclairés à la vue des tristes œuvres du fanatisme, se traduise par un souhait qu'on pourrait lui-même taxer de fanatisme?

Vous avez prévu, dites-vous, les désastres? — Très-bien! Ceci même est loin d'excuser votre polémique inconsidérée, car vous avez cela de commun avec les gens qui ont provoqué ces épouvantables désordres.

II.

Des publicistes qui savent apprécier, d'ordinaire, l'importance de l'alliance anglaise, ne craignent pas de la compromettre en se livrant à des exagérations dont les ennemis de la France ne se feront pas faute de tirer parti. Pourquoi n'imitent-ils pas aujourd'hui la réserve du gouvernement, qui traite avec tant de ménagement toute question de nature à exciter une légitime inquiétude chez les conquérants de l'Inde? Quel transport soudain leur fait perdre de vue les avantages de la guerre de Crimée, qu'ils appréciaient si bien hier.

Certes, nous ne chercherons point à atténuer la gravité des événements qui se sont accomplis en Syrie, à révoquer en doute l'intérêt que nous pouvons avoir au rétablissement de l'ordre audacieusement troublé par des assassins. — Chaque fois que le sang innocent coule quelque part sans être vengé, c'est non-seulement une honte pour l'humanité, mais une sorte de défi jeté à la France qui se fait gloire de marcher à la tête de la civilisation moderne.

Cependant, les débordements sanguinaires de hordes sauvages ne peuvent former qu'un épisode secondaire dans l'histoire. Il serait impolitique d'exagérer leur importance au point de détruire l'Empire turc, pour lequel la France a dépensé récemment tant de trésors et versé tant de sang.

Rien de ce qui se passe sur la surface du globe n'est indifférent à une nation aussi grande, aussi généreuse que la France; mais il y a des degrés en toutes choses. Quelque regrettables que puissent être ces désastres imprévus, ils ne doivent pas nous détourner des grands intérêts du moment. Nous ne devons pas cesser de suivre avec un anxieux intérêt la renaissance de l'Italie, parce que des sauvages se sont égorgés ; nous ne devons pas être moins soigneux de resserrer l'alliance qui nous rattache à la grande nation constitutionnelle qui a donné au monde de si brillants exemples de libéralisme éclairé, parce que des officiers turcs se sont rendus coupables de lâcheté, de négligence ou de trahison.

Cependant, nous entendons prêcher indiscrètement la croisade avec le même enthousiasme que l'on mettait naguère à réclamer l'annexion plus ou moins volontaire des provinces rhénanes. — Les chauvins partent pour la Syrie avec la même impétuosité que, naguères, ils mettaient à chanter la *Marseillaise*.

III.

Il serait bien facile de tremper notre plume dans le sang pour exciter l'indignation publique. Que de tableaux émouvants ne fournirait pas à l'imagination la moins féconde, cette mêlée de peuples divers, se ruant avec la même soif de massacres, la même ardeur de pillage.

Mais nous préférons tirer un voile sur les scènes de meurtre et de carnage qui ont déshonoré l'humanité.

A quoi nous servirait de faire le dénombrement des victimes ?

L'islamisme ne possède pas le triste privilége d'inspirer des actes sauvages et des crimes odieux. — Si les causes saintes pouvaient être déshonorées par les excès des sectaires, il n'y en aurait pas une seule qui méritât encore qu'on souffrît pour elle, qu'on élevât le bras pour la défendre, qu'on prît la parole en sa faveur.

Heureusement la vérité est indépendante des folies humaines; les crimes ne la peuvent ni souiller ni compromettre.

Que les Druses aient porté les premiers coups, que les Maronites aient, au contraire, attaqué leurs éternels ennemis, cela ne modifie en rien la situation; cela ne tranche aucune des difficultés que ces crimes, que ces agitations soulèvent.

Quand l'heure de la justice aura sonné, on fera la part des victimes ainsi que celle des bourreaux. Une seule chose doit nous inquiéter aujourd'hui, c'est la nécessité de mettre un terme au déchaînement des passions religieuses, sans compromettre cependant le repos de l'Europe, sans rendre inutiles tous les sacrifices que nous avons faits, sans donner gain de cause à la Russie, après avoir triomphé dans la guerre longue, coûteuse et sanglante que nous avons soutenue contre elle.

Puissions-nous bientôt apprendre que le calme règne de nouveau dans ces régions; puisse-t-il renaître assez promptement pour devancer l'arrivée des soldats européens ou des troupes égyptiennes.

Certainement, la France ne regretterait pas le déplacement de ses forces, si, malgré la célérité qui présidera à tous leurs mouvements, elles arrivaient trop tard pour avoir à combattre, car ce ne sont pas des triomphes qu'elles vont chercher dans ces régions lointaines, mais bien des victimes à sauver, des opprimés à protéger, et aussi malheureusement des criminels à punir.

Lorsque les croisés barbares, pauvres et fanatiques se précipitèrent dans les riches régions où dominait le croissant, ils avaient tout à gagner. Le contact des nations orientales, qui marchaient alors à la tête de la civilisation, poliça nos mœurs et donna un développement imprévu à nos sciences et à nos arts; mais aujourd'hui, il faut bien le dire, qu'irions-nous conquérir, qu'irions-nous apprendre en Orient? si ce n'est la science de commander en tyrans et l'art d'obéir en esclaves.

Les mœurs des peuples vaincus déteignent forcément sur les vainqueurs. Nous devons incontestablement désirer qu'il se forme un mélange du génie des deux races dans lequel nous donnerons peut-être aux Orientaux notre esprit d'indépendance. Mais prenons garde de recevoir, en échange, leur résignation aussi bien que leur servilité.

Ce ne serait peut-être pas la première fois, que le despotisme oriental aurait fait invasion en Europe, non point en triomphant des nations libres de l'Occident, mais, au contraire, en se laissant dompter par elles.

Ces civilisations efféminées semblent exercer l'attraction des femmes. Ce n'est pas alors qu'elles résistent qu'elles sont à craindre ; c'est lorsqu'elles cèdent qu'elles arrivent à triompher, c'est-à-dire à posséder leurs vainqueurs tout entiers.

IV.

Nous n'avons nullement l'intention de porter un jugement prématuré sur la cause des déplorables événements dont la Syrie est actuellement le théâtre. Les faits sont trop récents, ils ont passé par trop d'intermédiaires intéressés à les défigurer pour qu'il ne soit pas prudent d'attendre les résultats de l'enquête à laquelle se livreront incontestablement les puissances européennes avant de prendre un parti décisif.

Si l'opinion publique est arrivée à se faire une idée bien nette et bien exacte des affaires de Syrie en 1840, c'est parce qu'elles ont été solennellement discutées à la tribune nationale et au Parlement anglais ; c'est parce que les feuilles publiques les ont commentées dans tous leurs détails avec une animation dont les polémiques d'aujourd'hui n'offrent qu'une pâle image, car le régime de la presse est considérablement modifié.

Reposons-nous donc provisoirement sur la sollicitude du pouvoir, qui a le droit constitutionnel de déclarer la guerre et de conclure les traités d'alliance. Nous sommes obligés de croire qu'il saura se pénétrer assez profondément de ses devoirs pour défendre les droits de l'humanité sans compromettre les intérêts de la France dont il dirige les forces militaires.

Bornons-nous à protester avec toute l'ardeur de la conviction qui nous anime contre les tentatives d'une fraction de la presse, qui transformerait en véritable croisade, si l'on n'y prenait garde, l'expédition projetée.

Une croisade en plein dix-neuvième siècle ! Qui eût pu prévoir qu'on eût à redouter un pareil danger ?

Ce mot réveille de bien lugubres souvenirs ; malgré la poésie dont on a cherché à entourer des expéditions qui n'avaient pour excuse que la foi ardente de populations barbares, et qui seraient plus qu'une faute à une époque aussi éclairée que celle où nous avons le bonheur de vivre.

Certainement, ceux qui ne craignent pas de provoquer par une polémique inconsidérée une nouvelle explosion d'un fanatisme qui sera toujours un obstacle au progrès, ont oublié les enseignements de l'histoire. Aveuglés par leur ardeur, sinon peu chrétienne, du moins peu tolérante, ils méconnaissent la gravité de la situation, et prêchent la guerre sainte sans s'arrêter devant les massacres qu'elle provoquerait et dont ceux qu'ils se proposent de punir ne seraient que le prélude.

Le gouvernement doit avoir la conscience de la modération nécessaire à l'accomplissement de ses austères devoirs de justice distributive et de prévoyance répressive, et, par conséquent, doit savoir résister à tous les genres d'entraînements. Son premier soin, en employant les forces militaires de la France dans des contrées étrangères presque inconnues, doit être d'éviter tout ce qui pourrait augmenter l'agitation des esprits, d'écarter scrupuleusement tout ce qui donnerait à l'expédition, dont il a pris l'initiative devant l'Europe civilisée, un caractère de propagande religieuse de nature à alarmer la conscience des populations orientales, et à surexciter leur fanatisme.

La liberté des cultes n'est pas seulement un principe de droit public européen, c'est un principe de droit naturel. Chacun est libre d'adorer le Dieu qui lui plaît, mais personne ne peut violer les lois de l'humanité.

C'est seulement contre des crimes que les puissances vont intervenir ; ce n'est nullement contre des erreurs.

Pourquoi, nous dira-t-on, rappeler avec quelque insistance des principes que tout le monde connaît? des vérités que personne ne songe à révoquer en doute ?

Ah ! puissions-nous nous tromper ; puissent nos avis être superflus, nos réclamations inutiles. Néanmoins il est permis, jusqu'à un certain point, de concevoir quelques inquiétudes en voyant avec quelle facilité des déclamateurs peuvent troubler la conscience publique, peuvent agiter l'opinion d'un pays qui a tant d'intérêt à envisager la question d'Orient avec calme et impartialité.

Les Druses et les musulmans de Syrie ne sont pas les seuls à donner le triste spectacle du débordement des haines religieuses, car les popes russes, avec l'aveu du gouvernement moscovite, surexcitent les passions d'une multitude ignorante par des démonstrations calculées avec art.

Ne cessons donc point de surveiller le pays classique du despotisme, ces régions où règne un fanatisme mille fois plus dangereux que celui des Druses et des Maronites.

Puisque des gens graves, habitués à parler au public avec une certaine retenue, ont pu se laisser illusionner au point d'oublier la politique qu'ils ont si chaudement appuyée lors du siége de Sébastopol, que d'erreurs sont à craindre dans des régions encore barbares !

Les croisades ont laissé de trop vifs souvenirs dans les légendes populaires, pour que des craintes peut-être exagérées, mais certainement excusables, ne frappent pas l'imagination éminemment impressionnable des populations orientales au milieu desquelles aura lieu l'intervention des Francs.

Puissent de criminelles intrigues ne pas fausser le caractère essentiellement humanitaire de l'expédition !

Puisse-t-elle ne pas être confondue avec les grands mouvements militaires qui ont poussé en Orient les populations chrétiennes dont les ossements blanchissent encore les plaines d'Antioche !

Que les hommes véritablement touchés par la catastrophe de Syrie ne négligent rien pour établir, d'une manière irrévocable, la nature de la mission que les troupes européennes sont appelées à remplir.

Le monde oriental doit comprendre que nos troupes viennent pour frapper des assassins, mais nullement pour baptiser des innocents.

Les dangers de l'entreprise ne résident ni dans les mers à traverser, ni dans les ennemis à combattre, ni dans le climat meurtrier à affronter; mais dans les intrigues des factions religieuses, de ces partis dont la fureur est surexcitée par les progrès que la raison publique a faits dans ces derniers temps.

C'est le fanatisme qui a amené les crimes; fasse le ciel que le fanatisme ne complète pas son œuvre en rendant la répression partielle et incomplète.

A quelles intrigues ne doivent pas se livrer, dans des régions éloignées, les hommes qui ont trouvé le secret d'agiter impunément les esprits même sous un gouvernement régulier, dans un pays où les passions politiques sont éteintes depuis plusieurs années.

Quels embarras ne peuvent pas créer à un pacha turc des muftis aussi indisciplinés que des évêques dont le ministre de l'intérieur est obligé de gourmander officiellement le zèle outré !

V.

Ce n'est pas sans raison qu'on a appelé la France, il y a déjà longtemps, « le soldat de Dieu, » et que notre plus vieux chroniqueur écrivait au frontispice de notre histoire : « *Gesta Dei per Francos.* »

En effet, aucun crime de lèse-nation ou de lèse-humanité ne peut se commettre dans le monde sans que cette noble et généreuse nation ne se sente dévorée du désir de jeter le poids de sa vaillante épée dans la balance des destins.

Une race guerrière ayant la conscience de sa force et possédée par la passion du droit, est souvent animée par de belliqueux transports qu'il est impossible de maîtriser.

Malheur au pouvoir qui essaierait de résister à l'entraînement général ; qui n'obéirait pas toutes les fois que le peuple français est en rut de gloire et de conquêtes.

Dût-il disperser des armées sous tous les climats, lancer les ossements de ses guerriers épars dans tous les coins du monde, il doit guerroyer lorsque le peuple veut faire parler la poudre.

Le glaive de la France semble avoir quelque chose de divin, car il paraît, pour ainsi dire, être présent partout.

D'une main on protége le Sultan, de l'autre on soutient le pouvoir chancelant du Pape ; nos vaisseaux, emportant nos soldats vers les rives éloignées de l'empire du Milieu, triomphent en passant du royaume d'Annam. Peut-être le pavillon français flottera-t-il demain sur les ruines de Ninive, à Péking et à Yédo, à la fois en Syrie, en Chine et au Japon.

La terre entière suffit à peine pour contenir nos exploits ; bientôt nous demanderons, comme le guerrier de l'antiquité, de nouveaux peuples à délivrer.

La « furia francese » nous anime encore dans un siècle de concorde et de paix. Mais elle souffle aujourd'hui du bon côté ; nous courtisons cette fois la victoire pour le bon motif ; nous voulons délivrer les opprimés, comme doit le faire une nation chevaleresque.

Raffinés par la civilisation, nous ne nous sentons plus éperonnés par cette ardeur grossière et brutale qui poussait nos ancêtres les Galates, dont nous retrouverons bientôt peut-être les traces, jusque dans les plaines lointaines de l'Asie mineure. Nos généraux n'iront pas en Syrie et en Palestine, comme autrefois les preux, pour devenir ducs d'Antioche, marquis de Ptolémaïs et ducs d'Athènes.

Les conquêtes de la science et de l'industrie, au lieu de nous avoir abâtardis, comme on les en accusait, paraissent au contraire nous avoir donné un tempérament plus facilement électrisable.

Les Pierre l'Hermite et les saint Bernard de nos jours n'au-

ront pas besoin de convoquer un second concile de Clermont pour exciter l'ire d'une population avide d'émotions, impatiente d'aventures. Il suffira de quelques articles chaleureux dans les feuilles qui ont l'oreille du populaire, pour souffler un véritable mouvement national.

Autrefois, les pèlerins qui revenaient de Syrie étaient obligés de montrer les cicatrices hideuses des blessures qu'ils avaient reçues, toutes les fois qu'ils voulaient exciter l'indignation contre leurs bourreaux ; on ne les croyait pas alors tout à fait sur parole.

Longtemps ils ont dû errer de village en village, de hameau en hameau, pour raconter les traitements indignes qu'ils avaient soufferts, pour dépeindre la profanation du tombeau du Sauveur et des lieux saints autour desquels veillaient des soldats infidèles.

Dans un siècle de foi profonde, les croisades ne s'improvisaient pas, il s'agissait pourtant de conquérir le salut éternel en délivrant le tombeau du Seigneur.

Aujourd'hui que la foi est éteinte, il suffit d'une dépêche électrique annonçant que les droits de l'humanité ont été violés par des peuplades de Syrie, pour exciter une émotion universelle. La compassion, la pitié pour le malheur, la haine pour le crime, suffisent pour agiter l'esprit public indifférent dorénavant à la promesse d'un salut éternel trop facilement conquis sur les champs de bataille !

Nous devons nous empresser d'admirer ce qu'il y a de profondément respectable, d'élevé dans cette agitation. Quel progrès n'a pas fait l'humanité depuis l'époque barbare que certains théoriciens s'obstinent à présenter comme le type des sociétés.

Est-ce pour rendre le contraste plus complet encore, que cette effervescence excitée par la simple annonce des massacres de Syrie, coïncide avec le calme profond des passions religieuses.

Vainement des fanatiques ont vidé l'arsenal de la superstition, vainement ils ont peint sous de sombres couleurs les dangers que courait le Saint-Siége. Le peuple est resté muet, calme, indifférent, ou, pour parler plus exactement, sympathique aux efforts des hommes qui veulent affranchir le plus beau pays du monde.

Loin de nous la pensée de mettre en doute la sainteté de la colère qui s'est allumée avec une si miraculeuse rapidité.

Mais devons-nous respecter le mobile des gens qui ont su profiter avec tant d'habileté des qualités sympathiques de la race française ? N'y a-t-il pas quelque piége dans ces chaleureux appels à l'humanité de l'Europe civilisée, que l'*Invalide Russe* ne rédigeait pas avec moins d'éloquence qu'aujourd'hui lors de la mission du prince Menschikoff?

VI.

La presse ne doit reculer devant aucun sacrifice pour découvrir la vérité ; les ménagements et les transactions auxquels les hommes d'État sont trop souvent astreints pour maintenir la paix publique, n'existent pas dans le royaume de l'idée.

Le publiciste peut dire : *etiam si omnes ego non.* Son devoir est de résister quand même à l'entraînement des esprits : Loin de chercher une popularité facile en flattant les instincts peu éclairés des masses, il ne doit respecter aucune erreur, aucune illusion, fût-elle amenée par les sentiments les plus louables, par l'amour le plus pur du bien public, par le zèle le plus ardent pour le salut de l'humanité. La naïveté, excusable chez les particuliers, ne saurait être tolérée chez les gens qui ont pris la mission d'instruire le peuple.

Nous avons cédé comme les autres à un mouvement de colère. La révélation inopinée de massacres exécutés sur une vaste échelle par des barbares (*Wholesale murder*), a excité dans notre cœur un autre sentiment que celui de la surprise, et nous avons dû, nous aussi, réagir contre nos propres sensations pour maîtriser nos transports, mais nous nous sommes bien donné garde d'obéir à ce sentiment naturel.

En effet, nous le demanderons à nos concitoyens, vivons-nous à une époque où l'on puisse conseiller au public de s'abandonner inconsidérément à des inspirations soudaines et précipitées?

N'avons-nous pas fait l'épreuve, la triste épreuve, bien des fois répétée, des funestes conséquences qu'amènent infailliblement pour la France tous les genres d'entraînement!

Que de causes, hélas! doivent nous rendre circonspects! Que d'intérêts hostiles au progrès se tiennent comme à l'affût de catastrophes à envenimer. Que de gens embusqués derrière un principe pour tromper la bonne foi du peuple, exploiter sa crédulité, tirer parti de sa sensibilité!

La superstition, les priviléges féodaux, les droits de conquête, les abus de la force, ne peuvent résister à cette évolution à laquelle l'Italie sert actuellement de théâtre.

Avec quelle ardeur les ennemis de l'alliance anglo-française vont-ils promener leurs complots sous toutes les latitudes Ni ruses, ni mensonges, ni crimes ne leur coûteraient pou troubler l'entente cordiale sur laquelle repose la paix du monde, celle des deux grandes puissances occidentales. Nous les avons vus prétendre que le dictateur de Sicile avait livré la citadelle de Palerme aux Anglais, et tenter de transformer en sujet de discorde la précieuse conquête que l'indépendance italienne venait de faire.

Ne les avons-nous pas entendus tenir à la fois deux langages différents des deux côtés du détroit, pour exciter à la fois deux préjugés hostiles l'un à l'autre ; reprochant au gouvernement français d'avoir signé au traité de Methuen, accusant le gouvernement anglais de s'être vendu à la France?

A-t-on oublié avec quelle ardeur ils soulèvent les soupçons des patriotes allemands en même temps qu'ils profitent d'une explosion ridicule d'avidité intempestive, et exploitent la légèreté des publicistes qui ont fait briller aux yeux des masses éblouies l'inutile annexion des provinces rhénanes ?

A-t-on perdu de vue l'agitation piétiste dont l'épiscopat a donné le signal : ces prières, ces neuvaines, ces processions, toutes ces exhibitions pour une cause bien indifférente, certainement, à un Dieu d'amour, de justice et de paix?

Quand on a vu les hommes de parti braver la lumière de la publicité européenne pour tisser des trames qui ne pouvaient tromper personne, on ne peut supposer qu'ils aient commis la faute de négliger les éléments combustibles qui s'agitent en Orient.

C'est là que le fanatisme et l'ignorance offrent des instruments commodes. Le plus vulgaire intrigant peut soulever une tempête dans ces régions où la civilisation n'a pas encore pénétré, où il n'y a ni fleuves navigables, ni télégraphes électriques, ni chemins de fer, ni même de routes !

Les fauteurs de troubles ne trouveront-ils pas le terrain tout préparé par les intrigues séculaires d'une puissance despotique, qui ne fait pas un mystère de ses desseins ambitieux.

Si on reconnaît dans les affaires de Syrie la main d'une puissance agissant dans l'ombre, ce n'est certainement pas celle de la Porte-Ottomane. N'a-t-elle pas tout à perdre à l'explosion d'une crise, quand, au contraire, la Russie aurait incontestablement tout à gagner?

Les membres du divan ne peuvent être assez aveugles pour favoriser les entreprises des derwiches et des fakirs, qui conspirent incessamment contre la vie du Sultan.

Ce n'est point à un moment où ils veulent s'emparer des biens du clergé musulman, que les hommes d'État ottomans iront payer des propagandistes de guerre sainte. Leur intérêt manifeste, évident, palpable, répond de leur innocence.

Les désastres de Syrie ne peuvent-ils pas bien plutôt être attribués à leur impuissance? Or, à qui cette regrettable impuissance est-elle réellement imputable ?

C'est une question à laquelle les publicistes qui proposent à tout propos d'intervenir dans les affaires d'Orient pourraient peut-être répondre d'une manière plus satisfaisante que nous ne saurions nous autres le faire. Mais on admettra sans doute que la Porte-Ottomane aurait plus facilement réprimé les crimes dont le Liban a été le théâtre, si les nations européennes n'avaient point assuré aux peuplades qui l'habitent une sorte de demi-indépendance. Il serait injuste de reprocher, même à des Turcs, d'avoir exécuté des traités qu'on leur a imposés.

VII.

Lorsque la Convention nationale déclara la guerre à tous les tyrans du monde, elle obéit à ce qu'on pourrait appeler un sublime élan de ferveur révolutionnaire.

Quiconque porte dans sa poitrine un cœur d'homme, doit s'incliner devant ce grand acte d'une assemblée qui tenait entre ses mains le sort de l'humanité tout entière, puisqu'elle défendait des principes dont le triomphe détruisait les restes de la féodalité. L'enthousiasme excité par la conjuration des ennemis du progrès était bien fait pour excuser l'exagération que des philosophes raisonnant après coup, pourraient reprocher aux théories de propagande armée qui avaient cours à cette époque immortelle.

Heureusement le peuple ne se trouve pas toujours sous la pression d'un danger public ; les hommes d'État qui disposent des destinées de la France ne sont point toujours assaillis par les grandioses préoccupations qui dominaient dans une période de troubles. Grâce au ciel, nous n'avons pas à lancer à la fois quatorze armées sur toutes les frontières pour repousser l'invasion des despotes.

L'ordre qui règne dans les finances, dans l'état des esprits, dans l'organisation de la force publique, place la nation française au-dessus de tous les complots, au-dessus de toutes les préoccupations, de toutes les inquiétudes relatives à l'intégrité du territoire.

On a reconnu qu'il était impossible de compter sur l'emploi de la force pour modifier les conditions intérieures du régime social. Ce n'est pas en vertu d'un plan prémédité à l'avance, et du pouvoir dont l'État dispose, qu'on arrive jamais à résoudre le moindre des problèmes qui s'agitent devant l'opinion.

Serait-il raisonnable de supposer que la violence sera plus efficace pour régénérer des nations dont nous comprenons imparfaitement les besoins ; dont les habitudes sont un mystère impénétrable ?

A moins de rêver, non la civilisation des pays musulmans, mais la conquête pure et simple, il est difficile de conserver des illusions à cet égard ; après avoir assisté à tant d'événements qui nous montrent que le progrès est une œuvre de liberté, irons-nous demander à la force, dans des pays où le progrès paraît être si difficile, ce qu'elle ne peut donner en France où le développement progressif de la démocratie paraît une loi fatale ?

S'il n'est pas question de civiliser l'Orient, mais de s'y établir, pourquoi faire étalage d'une bruyante et vertueuse indignation ? Car on serait conduit à verser bien plus de sang que les Druses et les Maronites n'ont pu le faire, il faudrait passer par bien des massacres pour triompher de la résistance que Druses et Musulmans opposeraient à une armée conquérante.

Qu'on se contente alors de profiter du prétexte que l'on attendait depuis longtemps et que les habitants de Syrie ont commis la faute de fournir.

Si l'on croit devoir conseiller au gouvernement de faire des conquêtes, qu'on ait le courage de le dire franchement.

VIII.

L'immixtion directe d'un État dans les affaire d'un autre est un acte politique qui laisse une bien grande place à l'imprévu. Des nuances souvent difficiles à apprécier, déplacent soudainement le droit et changent une entreprise honnête en œuvre de spoliation et de violence.

Où doit s'arrêter, en effet, l'usage du glaive au milieu de populations chez lesquelles l'insurrection est le seul moyen connu de protestation ? Soutiendra-t-on invariablement l'autorité du sultan ou des pachas qui le représentent ? A quelles extrémités ne descendra pas le despotisme oriental, si les pachas sont certains que les Francs se chargeront d'étouffer les révoltes ; si les sultans eux-mêmes savent que leurs alliés veilleront au maintien de l'ordre et empêcheront leurs esclaves de les étrangler **dans le sérail ?**

Le pouvoir despotique a ses charges et ses périls comme toutes choses de ce monde. C'est un instrument imparfait de gouvernement dont il faut transformer tous les éléments ; ce n'est pas l'atténuer, mais bien le rendre plus horrible que de mettre à ses ordres une armée étrangère.

Il y a dans l'usage de la force militaire, une sorte d'entraînement auquel il est bien difficile de résister, toutes les fois qu'on ne se borne pas à l'employer pour défendre l'indépendance nationale, ou pour faire strictement respecter le principe de non-intervention.

Nulle guerre n'était certainement plus légitime que celle que la France déclara en 1830 au dey d'Alger. Nulle conquête peut-être ne fut plus conforme aux véritables intérêts de la civilisation. N'était-il pas urgent d'arrêter les déprédations de ces pirates qui écumaient encore la Méditerranée, qui transportaient au sein d'un siècle civilisé tous les crimes d'un âge barbare ? Ne fallait-il pas arracher à des mains incapables des régions fertiles, des plaines qui vont nourrir d'innombrables populations, une côte que nous saurons rendre hospitalière ?

Que d'actes de spoliation, de barbarie même n'ont pas assombri quelquefois d'éclatants triomphes. Hélas ! nous sommes bien loin d'être toujours restés dans les limites que la raison et l'équité nous traçaient !

Que de sang n'a pas été versé peut-être inutilement ? Que de trésors n'ont pas été dépensés, qui eussent pu vivifier l'industrie et l'agriculture de la France, pour dompter quelques peuplades mal armées, incapables de se réunir pour résister en commun et disséminées sur un immense territoire ?

N'a-t-on pas oublié les peines, les soins, les tâtonnements nécessaires pour acclimater nos colons, nos soldats ; pour résister à des épidémies mille fois plus meurtrières que le feu de l'ennemi et décimant nos armées dans un pays qui est loin d'être insalubre, dans des régions qu'il suffit de quelques travaux pour assainir complétement et changer en jardin délicieux ?

IX.

Les guerres aventureuses se présentent toujours sous un aspect brillant et poétique, qui a le privilége de séduire un peuple impressionnable et ardent. Mais aurait-on osé conseiller au roi Charles X de conquérir la capitale des pirates barbaresques, si l'on eût pu prévoir ce que cette conquête devait coûter à la France? Combien les Dejobert qui prêchaient l'abandon systématique d'une terre désormais française, auraient-ils trouvé d'appui dans les chambres, dans la presse et dans l'opinion, s'ils avaient pu soulever le voile qui cachait l'avenir? S'ils avaient pu montrer l'étendue des sacrifices de tous genres que la France serait tenue de s'imposer avant de jeter les fondements d'un nouvel empire?

Aujourd'hui l'Algérie est arrivée à un point de développement où elle peut envisager l'avenir sans appréhension. — Aucun événement ne saurait dorénavant entraver le développement de la colonisation européenne. Les seules difficultés sérieuses à l'établissement d'une agriculture prospère, celles qui tenaient à l'ignorance du climat et des mœurs indigènes, ont disparu. Il ne reste plus à vaincre que les résistances opposées au progrès par les préjugés religieux, par la routine administrative et par l'autocratie inintelligente de quelques fonctionnaires improvisés.

Actuellement en Algérie la France ne doit plus avoir d'écoles à faire. L'ère des crédits improductifs doit être close définitivement, malgré les réclamations des parties intéressées. Si la France est assez généreuse pour s'imposer de nouveaux sacrifices, il faut qu'elle soit récompensée au centuple par le prodigieux développement que prendront toutes les branches du commerce et de l'agriculture de la colonie.

Le rayonnement de la civilisation française concentré dans le foyer secondaire d'Alger, s'étend sur un monde assez vaste pour satisfaire aux exigences de la plus grandiose ambition.

L'intérieur de l'Afrique commence à nous montrer quelques-

uns de ses produits précieux et bizarres. On entrevoit l'époque
où les portes du Sénégal viendront se mettre en communication
avec les établissements algériens, où le Maroc entrera dans la
sphère irrésistible de notre attraction toute-puissante aujour-
d'hui à Tunis.

Auprès de tous ces résultats qu'il est si facile d'assurer, de
ces conquêtes la plupart pacifiques qu'il reste à faire, que sont
les perspectives d'une campagne en Syrie.

Certainement, l'intervention de la France doit être bien dé-
sintéressée, car ce serait un bien mauvais calcul que de vouloir
conquérir une autre Algérie, avant d'avoir commencé à mettre
en valeur celle que l'on possède déjà.

On connaît trop aujourd'hui le prix de notre grande colonie
d'Afrique pour avoir entrepris l'expédition de Syrie dans un
but de conquête. La France aurait, sans compromettre ses
bons rapports avec la Grande-Bretagne, un placement plus
avantageux du sang de ses soldats et de ses trésors.

Mais elle s'est montrée tant de fois assez riche pour payer sa
gloire, qu'il paraît difficile de supposer qu'elle ait l'intention
cette fois de montrer un moins complet désintéressement.

Elle ne calcule pas les avantages qu'elle peut recueillir quand
les considérations toutes-puissantes à ses yeux d'honneur et
d'humanité, sont en jeu. Souvent même elle ne garde pas assez
de sang-froid pour s'apercevoir qu'elle s'expose au danger de
détruire ce qu'elle a créé, de renverser ce qu'elle a consolidé.

Peut-être, il est vrai, de nouveaux souverains pourront-ils
glaner des trônes derrière ses armées ; souvent la seule satisfaction qu'elle se permette comme fruit de coûteux et péni-
bles sacrifices est de couronner d'illustres ingrats.

X.

On sait quand une intervention commence, on ne sait jamais
quand et comment elle finit. On connaît l'effectif des troupes

qui ont quitté le territoire national, mais on ne peut jamais évaluer l'importance des renforts qu'il sera nécessaire d'expédier successivement.

Qui eût dit que nos troupes seraient encore obligées de tenir garnison à Rome, après une période de dix ans? Qui eût dit qu'il faudrait un laps de temps aussi considérable, non pour réconcilier le Saint-Père avec ses sujets, mais pour reconnaître que toute conciliation était bien difficile sinon impossible? Qui eût pu prévoir que l'armée française attendrait inutilement la reconstitution d'une armée nationale, et assisterait au recrutement des derniers *condottieri?*

Lorsqu'il s'est agi de chasser les Autrichiens d'Italie, l'intervention était nécessaire; les intérêts de la France, ceux de la civilisation de l'humanité étaient d'accord pour appeler nos armes de l'autre côté des Alpes. Le but spécial, nettement défini de la campagne d'Italie, ne permettait aucune erreur.

On comprenait que la France devait soigneusement s'abstenir de s'ingérer dans l'arrangement des affaires intérieures de la péninsule, qu'elle devait laisser le peuple affranchi, sous son patronage, entièrement maître de ses destinées.

Personne n'a pu se méprendre sur les intentions qui animaient alors le peuple, l'armée et le gouvernement. Cependant n'a-t-il pas été nécessaire de ménager la susceptibilité des nations neutres symphathiques à la cause de l'indépendance italienne?

La France est trop puissante pour qu'il lui suffise de ne pas être ambitieuse, pour qu'elle n'ait pas à se préoccuper d'être réservée même dans son humanité, si elle ne veut mettre en péril la paix du monde.

Les hommes sont faits pour être libres et indépendants, personne ne peut travailler qu'eux-mêmes au maintien de leur dignité, de leur honneur, de leur indépendance; en effet, il y a des choses qui ne se reçoivent pas, mais qui se conquièrent au prix de mille sacrifices.

Aussi n'est-il même pas à regretter que la modération des vainqueurs de Magenta et de Solferino ait laissé la Vénétie à délivrer. En effet, la nationalité italienne aura ainsi l'occasion de se consolider, de se confirmer en faisant seule et sans aide étrangère une conquête indispensable à sa constitution définitive, c'est l'Italie renaissante qui seule peut couronner elle-même dignement l'édifice de son indépendance.

Combien ne serait-il donc pas plus difficile de donner une organisation rationnelle à un pays dans le sein duquel habitent simultanément tant de races hostiles l'une à l'autre. L'intervention ne saurait avoir uniquement pour but de changer les esclaves en maîtres et les maîtres en esclaves ; comment protéger les musulmans après avoir délivré les chrétiens, dont on ne fera sans doute pas une aristocratie nouvelle ?

L'année dernière il était question de renvoyer les Turcs en Asie Mineure ; on ne saurait proposer aujourd'hui de les refouler dans les déserts de l'Arabie.

L'extermination des races musulmanes ne saurait être proposée dans une contrée dont la population nombreuse et guerrière ne se laisserait pas détruire sans résistance.

Les Orientaux ne sont pas tellement différents des Occidentaux qu'on puisse parvenir à les régénérer par des moyens diamétralement opposés à ceux qu'on emploierait en Europe, pour porter la civilisation dans des contrées arriérées. C'est si l'on attaque de front les croyances religieuses des peuples musulmans, qu'ils se montreront indomptables ; car leur religion est en même temps la plus haute expression de leur nationalité. Mais ils se laisseront toucher par l'influence de l'éducation, par le contact de notre civilisation. Le mouvement qui s'opère actuellement dans l'Inde constate qu'aucune race humaine n'est incapable de progresser.

Des publicistes anglais qui ont étudié avec soin la question, prétendent que la construction du chemin de fer de l'Euphrate exercerait en Syrie la même influence civilisatrice que les grands travaux qu'on exécute dans la vallée du Gange et dans les provinces du nord-ouest.

XI.

Les puissances européennes ne commettront pas la faute de pacifier la Syrie en apportant un nouvel élément de troubles dans une contrée déjà si profondément agitée par des passions religieuses et politiques. Aussi l'intervention reconnue nécessaire ne saurait-elle avoir lieu contre l'aveu du Sultan, mais bien pour rétablir son autorité.

Des gouvernements réguliers sont souvent enchaînés par la nécessité de respecter les principes du droit public, réduits à contempler des excès plus odieux peut-être que ceux qui ont désolé la Syrie, obligés de laisser impunis des crimes qui compromettent plus directement le repos de l'Europe entière.

N'a-t-on pas vu les puissances occidentales unanimes à reprocher au roi de Naples une politique odieuse qui mettait en danger peut-être à la fois tous les trônes ? Cependant aucun gouvernement n'a proposé d'agir autrement que par des notes diplomatiques auxquelles ont été faites impunément des réponses dédaigneuses ou insultantes.

Les massacres de Pérouse n'ont-ils pas produit dans tout le monde civilisé une émotion qu'explique facilement le caractère du souverain au nom duquel ils ont été commis. Ce n'est pas l'œuvre de quelques tribus fanatiques et barbares qui a épouvanté cette fois l'humanité. C'est au nom de la Cour de Rome, que le sang a coulé inutilement, contrairement aux règles de la guerre, contrairement au droit des gens.

Cependant le pouvoir protecteur qui étend l'ombre de sa main bienveillante sur le Saint-Siége, s'est contenté de gémir ! Il n'a pas cru que le nombre et la nature des services rendus l'autorisassent à imposer au Souverain-Pontife la punition des soldats qui avaient peut-être ajouté aux crimes qu'ils avaient commis, celui de les commettre sans ordres.

A-t-on jamais vu le Sultan élever la voix en faveur des Musulmans d'Algérie, que la France traite maintenant avec douceur, mais contre lesquels elle a employé quelquefois des moyens de répression que le droit public des nations civilisées réprouve.

Qu'aurait-on dit si des troupes ottomanes avaient fait sauter les prisonniers chrétiens à la tête des canons, comme les Anglais l'ont fait dans l'Inde. Cependant aucun prince musulman n'a protesté contre ces exécutions barbares, dont ses coréligionnaires ont été victimes. L'émir Dhost-Mohammed, tout fanatique qu'il puisse être, a maîtrisé l'impatience des Afghans qui voulaient envahir l'Hindoustan. Le sultan de l'Iran a refusé de soutenir le dernier Padishâh de Delhi, le malheureux descendant d'une race illustre entre toutes les maisons souveraines.

La philanthropie la plus pure et la plus sincère ne dégage pas de l'obligation de respecter les traités, ni surtout du devoir d'éviter des complications politiques pouvant amener des malheurs plus grands encore que ceux auxquels on se propose de mettre un terme par une brusque intervention.

Les horreurs de la guerre ont quelque chose de moins repoussant que des massacres accomplis de sang-froid et accompagnés de circonstances atroces; néanmoins, croit-on que la destruction d'une tribu entière de Druses ou de Maronites soit un désastre comparable à ceux qui résulteraient d'une rupture de l'alliance occidentale?

Les deux grandes nations qui marchent à la tête de la civilisation se feraient la guerre avec courtoisie ou se tireraient des coups de canon suivant les règles de l'art; peut-être même, comme à Fontenoy, chaque partie belligérante s'efforcerait-elle de faire à l'autre le triste honneur de porter les premiers coups.

Cependant que d'affreuses boucheries n'aurions-nous pas à déplorer dans une lutte impie; quel temps d'arrêt pour la civilisation ne produirait point une si épouvantable catastrophe! Quels ravages porteraient la désolation au milieu des populations pressées de nos cités maritimes ou des centres industriels d'Angleterre! Que de femmes, que d'enfants périraient, non peut-être par le fer et le feu, mais par une mort mille fois plus lente et plus cruelle, par la misère et par la faim!

La crainte de provoquer toutes ces calamités doit influer sur la politique des souverains et des ministres qui sont à même de juger l'étendue du danger. Ils ont lutté avec courage, avec énergie, avec succès contre les complots des ennemis du repos public, contre ces hommes qui, mille fois plus dangereux que les Druses et les Maronites, ne cessent de calomnier l'Angleterre en France et la France en Angleterre, ce n'est point pour tomber dans le piége le plus grossier qu'on puisse tendre à leur bonne foi.

L'impatience de rétablir la paix en Syrie ne leur fera pas perdre de vue la nécessité de ne pas l'ébranler en Europe, de ne pas compromettre la concorde que leur plus beau titre de gloire est d'avoir établie sur des bases réellement dignes de deux peuples éclairés, en favorisant le développement des principes de liberté commerciale.

Plutôt que de fournir un prétexte d'agitation, ne préféreront-ils pas mettre, s'il le faut, quelques délais au départ de l'expédition ou bien au débarquement des troupes.

Pour être quelquefois moins prompte à émouvoir que la France, l'Angleterre n'en est pas moins disposée à défendre avec énergie les droits de l'humanité. Elle tiendra à honneur de ne pas rester en arrière de sa rivale, et luttera avec elle de philanthropie aussitôt qu'elle aura reconnu l'inanité des alarmes qu'on cherche à susciter, la vanité des dénonciations que des agents de discorde colportent dans toutes les feuilles gallophobes.

Du reste, est-ce un mal que la lenteur et la prudence britanniques tempèrent la trop grande ardeur de la France? C'est ainsi que l'activité française peut quelquefois tempérer ce que le flegme britannique peut présenter d'exagéré.

Les qualités des deux nations se complètent en quelque sorte providentiellement l'une par l'autre ; ce qui rend l'alliance si précieuse, c'est qu'aucune d'elles ne peut agir sans tenir compte du tempérament de l'autre.

L'action commune offre donc toutes les garanties de maturité de raison, et, par conséquent, de succès, qu'on peut raisonnablement désirer dans les choses de ce monde.

XII.

Jamais la France et l'Angleterre ne commettront à la fois la faute de froisser inutilement le sentiment religieux des populations orientales. Chacune des deux puissances alliées connaît trop bien la puissance du sentiment musulman pour que l'intervention commune aboutisse à une expédition dans laquelle les Européens se présenteraient maladroitement en sectaires ennemis du Koran.

Grâce au ciel, nous ne courons pas le danger de voir une expédition combinée arborer le sanglant drapeau de l'intolérance religieuse.

Comment des gens qui connaissent l'Angleterre ont-ils pu croire qu'elle consentirait à renverser le croissant pour le remplacer par la croix?

L'Angleterre est trop habituée à respecter dans l'Inde des religions autrement antipathiques au christianisme pour concevoir une pensée à la fois si intolérante et si impolitique.

La conduite de nations qui se proposent de rétablir les droits méconnus de l'humanité, ne doit prêter à aucune équivoque; car leur désintéressement ne saurait jamais être mis en suspicion, sans compromettre la force morale dont elles ont besoin pour s'acquitter de leur mission humanitaire.

Les massacres que tout le monde déplore ne peuvent être une bonne aubaine dont une faction religieuse ait le droit de profiter, qu'une nation ait le privilége d'exploiter au service de son influence particulière.

Nous ne vivons plus à une époque où il soit permis de se faire une arme des intérêts religieux pour assurer la satisfaction d'intérêts temporels.

L'hypocrisie trop commode, qui consiste à soulever des haines aveugles contre une nation qui ne partage pas nos croyances, n'a plus la puissance de tromper personne.

XIII.

Les Francs commettraient la plus déplorable de toutes les erreurs en se présentant aux yeux du peuple de Syrie comme venant continuer l'œuvre de Godefroi de Bouillon. Qu'on écarte des armées européennes, s'il est nécessaire de les envoyer en Syrie, tout ce qui pourrait légitimer des craintes ou des appréhensions exagérées de la part des indigènes.

La puissance ottomane peut être insuffisante pour maintenir la paix publique dans un pays où les puissances européennes l'ont obligée de respecter l'indépendance des Druses et des Maronites. Cependant, il ne doit s'agir nullement de l'ébranler, de l'avilir aux yeux des populations ; mais, au contraire, de tirer parti du prestige qui peut lui rester encore.

Les peuples de l'Orient sont habitués à accepter toutes les nouveautés, pourvu qu'elles consentent à revêtir les formes du passé.

S'il faut exagérer quelque chose, ce n'est pas le zèle pour la propagande chrétienne ; il serait dangereux d'entourer les drapeaux de la milice céleste ; bien au contraire, il serait prudent d'afficher une sorte de respect pour le représentant de l'islam.

Ces ménagements n'ont rien de nouveau, rien d'exagéré, rien qu'on puisse considérer comme déshonorant même pour deux nations aussi puissantes que la France et l'Angleterre, car toutes deux ont déjà eu la prudence d'appliquer également cette règle de conduite dans leurs rapports avec les Orientaux.

Les Anglais ont longtemps régné dans l'Inde au nom des descendants d'Akhbar et d'Aurengzeb ; ils n'ont parlé en maîtres que le jour où ils ont été certains de se faire obéir sans résistance.

Leur gouvernement de l'Inde a souvent évité de terribles révoltes, en affichant le plus grand respect pour la religion des indigènes, en s'opposant à la propagande de leurs propres missionnaires.

La grande insurrection de 1856 est due en grande partie au zèle aveugle de propagandistes fanatiques et maladroits. Va-t-on pacifier un pays révolté en employant les armes qui ont fait révolter un pays pacifié ?

Napoléon Ier lui-même, lorsqu'il était encore général en chef des armées de la République, n'a pas hésité à présenter aux populations de l'Égypte les Français comme favorables à l'islam, à se déclarer bon musulman dans une proclamation restée célèbre ; habile et politique ménagement au moyen duquel son génie pénétrant a su acquérir une influence qui n'est pas encore effacée.

De quel droit irions-nous combattre en Syrie la religion musulmane, que nous avons juré de respecter en Algérie ?

Certains publicistes demandent très-souvent qu'on ne rende pas la doctrine du christianisme responsable des excès auxquels la religion chrétienne a servi trop de fois de prétexte ?

Rien de plus juste, de plus équitable que cette prétention.

Mais pourquoi les mêmes hommes veulent-ils rendre l'islamisme responsable des excès des musulmans ignorants, et même des excès des Druses, qui cependant ne sont point musulmans ?

Pourquoi avoir deux poids et deux mesures, au lieu de faire aux autres, suivant la maxime évangélique, ce que vous voudriez qui vous fût fait ?

XIV.

Après avoir mûrement délibéré sur la situation politique de l'Europe, le gouvernement a envoyé, il y a quelques années, une immense expédition en Orient. — La France n'a rien gagné à sa victoire que d'établir un principe, que de faire admettre, comme base du droit public européen, l'intégrité du territoire ottoman.

Ce résultat parut même si précieux, que les vainqueurs de Sébastopol renoncèrent à faire payer aux vaincus les frais de la guerre, comme ils auraient eu le droit de l'exiger sans se montrer trop rigoureux.

Ils crurent avec raison que les trésors de la France et le sang de ses soldats étaient assez noblement compensés par la signature d'un traité qui enchaînait l'ambition de la Russie.

Depuis cette époque, rien n'est changé en Orient. Les musulmans, qu'on connaissait déjà sans doute quand on a pris leur défense, ne sont pas plus fanatiques aujourd'hui qu'ils pouvaient déjà l'être alors. Les Druses ne sont pas plus sanguinaires, les chrétiens grecs ne sont pas moins dévoués à la Russie; cette dernière puissance n'est pas moins ambitieuse et ne menace pas moins l'indépendance de toutes les nations européennes.

Ce n'est pas la première fois non plus que le Liban sert de théâtre à des scènes de carnage.

L'acharnement de quelques assassins ne peut avoir la triste puissance de modifier la politique de la France, une politique traditionnelle, séculaire, dont le gouvernement a dû recueillir l'héritage.

L'expédition de Syrie, dont la nécessité est regrettable, et dont il serait à désirer que le concours ne fût pas longtemps indispensable, ne mettra point à la voile pour renverser ce que l'expédition de Crimée a conquis, pour exciter de nouveaux troubles en Orient, pour ébranler ou dissoudre l'alliance anglaise.

Conçue dans un but essentiellement humanitaire, l'intervention en Syrie est légitime aussi longtemps que le danger dure; elle devient superflue aussitôt que l'ordre est rétabli. Puissent donc nos armements devenir promptement inutiles.

Notre siècle est trop fécond en événements pour que nos soldats aient le droit de regretter l'occasion qui leur échappe de cueillir de nouveaux lauriers. Le gouvernement serait heureux certainement de pouvoir donner une nouvelle preuve de sa modération, après avoir montré qu'il est décidé à faire respecter les droits de l'humanité partout où ils sont menacés par l'ignorance et le *fanatisme* des peuples, par l'aveuglement et par le despotisme des princes.

FIN